föhr sylt amrum

inselträume

wohnen auf den inseln

Lifestyle
BUSSE
SEEWALD

idee, konzept und text: doris tönnissen blatter
bildkonzept und fotografie: monika remus
design und umsetzung: katja lübke, www.buero3.de
druck und verarbeitung: print design druck gmbh, minden
printed in germany

ISBN 978-3-512-03338-4

• föhr sylt amrum

inselträume

wohnen auf den inseln

doris tönnissen blatter
monika remus

Lifestyle
BUSSE
SEEWALD

föhr sylt amrum

insel

inhalt:

räume

vorwort	6
strandfunde	8
strandhuus	10
kreativhuus	22
insel impressionen	38
kapitänshaus	40
muschelhaus	48
föhr impressionen	62
bauern-hof-laden	64
kunsthaus	74
sylt impressionen	92
gutshof	94
kaffeehaus	104
amrum impressionen	118
sommerhaus	120
fering hüs	132
naturschutzgebiete	140
kleines insel abc	144

vorwort

welkimen

sommerferien auf den nordfriesischen inseln. inselleben und natur vor der tür. ebbe und flut, wind und wellen und vieles mehr ...

um unseren vier bergkindern das inselleben mit auf den weg zu geben, entschieden wir uns, auch auf der insel zu hause zu sein.

das inselleben ist heute geprägt durch seine vielfältigen baustile. schöne reetdachhäuser, bäderarchitektur, roter klinker.

gemeinsam mit meiner cousine monika nahmen wir „die insel für zuhause" in angriff. sie kennt die inseln von vielen besuchen und ferien. wir erlebten dort viele bunte und kreative momente.

lassen sie sich nun einstimmen, bei einer tasse tee oder einem glas wein ...
fühlen sie den sand unter den füßen, spüren sie den wind in den haaren, hören sie das kreischen der möwen.

die liebenswerten und charmanten insulaner öffnen jetzt für sie ihre türen. genießen sie es, viel spaß und tschüss ...
und wer weiß, vielleicht heißt es ja bald, moin, welkimen, hallo.

strandfunde

nach langen
spaziergängen
an der nordsee,
bringen die
fundstücke
inselfeeling
nach hause.

kumm doch rin*

strandhuus

* komm doch herein

POST

TEA
COFFEE
SUGAR

ROT

stimmungs-
macher rot,
verbreitet
gute laune und
lebenslust.
kaffee oder
tee?

Für Eltern
Eintritt verboten
räume gerade auf !

frisch und fröhlich, analiens stunden

die blaue stunde

magische
momente,
stimmung
die verzaubert

harmonie in grün ...

ruhe und zuversicht

das spiel der wellen,
meeresluft, durchatmen,
auftanken

meeresrauschen

kreativhuus

einladend der kleine weg zum kreativhuus … harin, kämt rin *

* herein, herein

KETELSEN

schule aus.
endlich gehts
zu den tieren.

KETELSEN

klön

die insulaner genießen das küchengespräch,
snacken und klönen – sprechen und gemütliches schwatzen

köök*

augenschmaus und kaffeeduft.

KAFFEE

details

liebevoll genähte
und arrangierte
kleinigkeiten geben
dem huus ihren charme

gode

stuuv

gute stube
hier wird gelebt, gelacht und genäht

zuckersüß,
verspielt und
märchenhaft

ellis reich

gartenmomente, der lavendel duftet *verführerisch*

insel-
impressionen

verträumt

verwunschen

versteckt

kapitänshaus

ahoi

galionsfigur

schutzpatron
der einfluss auf das gelingen
der seereise hatte

rüm hart – weites herz

klaar kiming – klarer horizont

seefahrt

seesturm

seemann

dort bläht ein schiff die segel,

frisch saust hinein der wind

der anker wird gelichtet

das steuer flugs gerichtet

nun fliegt hinaus geschwind

aus „der junge Schiffer“ von
heinrich friedrich hebbel

ankern

anland

tohuus

anlandgehen

träumen – schlafen – erwachen

muschelhaus

ton in ton

ruheräume

sekunden – minuten – stunden

eintauchen
genießen
abschalten

* waschtisch

blickfang

handwerk in
seiner vollendung

reise in die vergangenheit

räume und ihre geschichten

innenansichten

*kofe an kuuken bi mam **

** kaffee und kuchen bei mutter*

außenansichten

stein auf stein

*luke ens weler föörbi **

** schau mal wieder rein*

grün
harmonisch
verträumt

sanft
geschützt
beschaulich
erfrischend

föhr

milk & more
Erdbeermarmelade
Zutaten : Erdbeeren. ,Zucker, Zitronen
Geliermittel Pekin,Zitronensäure.
Mindestens haltbar bis 15.03.2010
225g

bauern-hof-laden

milk & more

morgens

duftender kaffee
frische brötchen
leckere marmelade

mittags

zu hause

gemeinsam

zusammen

später

tische eindecken

türen öffnen

gäste empfangen

zaun

tierisch – gemütlich – natürlich

gäste

1

*skül = Windfang

kunsthaus

moin, im restaurierten friesenhaus. durch den **skül*** eintretend, der vor kalten und rauhen winden schützt.

türöffner

staunend öffnen sich die alten türen …

kunstraum

treppen-raum

erinnerungen:
spuren der vergangenheit

kochnische

kochen – backen – schlemmen

wohnstube

friesisch blau – modernes schwarz – erdig braun

musikzimmer

innehalten – lauschen – musizieren

der wind weht ums haus,
zeit zum entspannen und loslassen.

schlafkoje

lang, rauh, salzig, brandig, lebendig, wild tosend, abwechselnd

sylt

60

schatten

der
beschriebene
gutshof

spiele

ich sah
des sommers
letzte rose stehn
sie war,
als ob sie
bluten könne,
rot
...
aus „sommerbild“ von
heinrich friedrich hebbel

Wer Schmetterlinge lachen hört der weiß wie Wolken schmecken

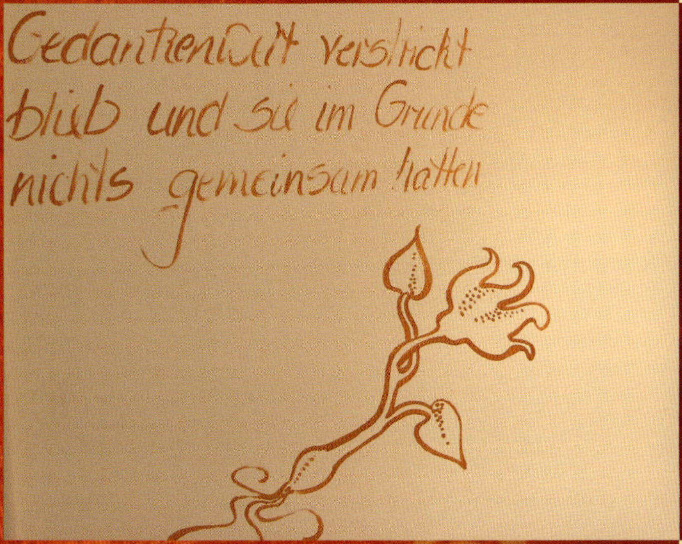

Gedankenwelt verstrickt
blieb und sie im Grunde
nichts gemeinsam hatten

poetisch

garten

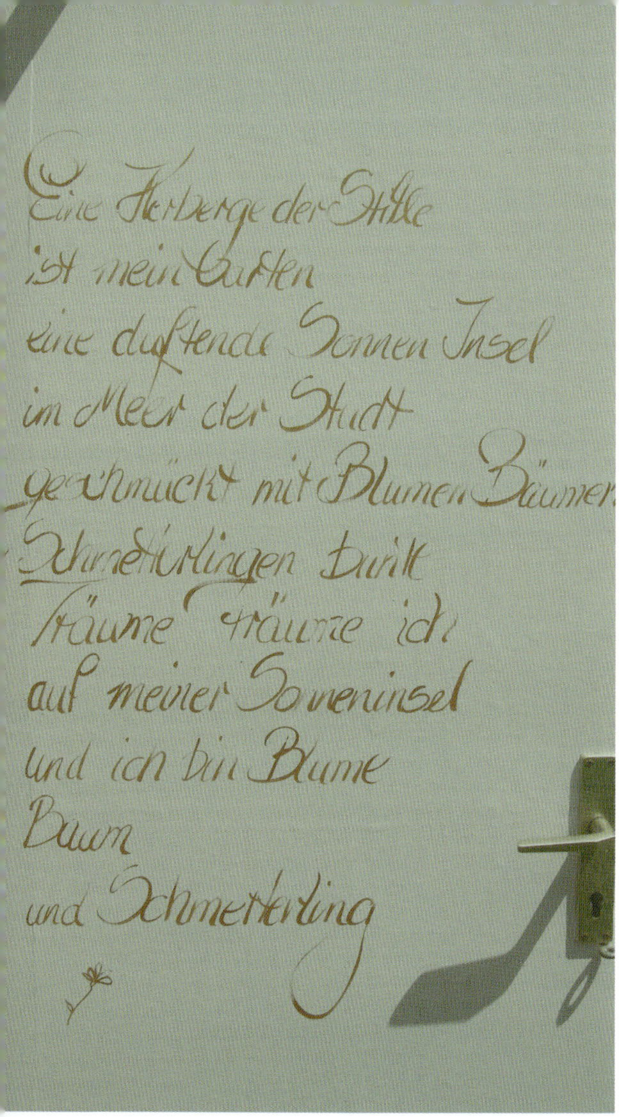

sähen – pflanzen – genießen

träume

licht form & farbe

magische momente – nostalgische erinnerungen

kaffee-haus

zeit für ...

wäsche-duft

BREAD

zeit zum punkten

zeit für eine kaffee pause

mandelhörnchen

150 g puderzucker, 200 g gemahlene mandeln, 1 päckchen vanillinzucker, 200 g marzipan, gewürfelt

- alles zusammen mischen

- 2 eiweiß steif schlagen und unter die masse heben

- 150 g mandelblättchen in eine kleine schale legen
- mandelhörnchen formen und in den mandelblättchen wälzen
- bei 150° ca. 15- 20 minuten backen.
- nach dem erkalten in schokoladenlasur tunken.

beeren schmaus

rot sehen
rot schmecken

klang-voll

die seele baumeln lassen

ein auftritt in blau

zeit für träume

amrum
windgeformt
wild

veit
still
natürlich
ruhig
dünig
leuchtend

sommerhaus

sonnendurchflutet

es regte sich kein hauch am heißen tag
nur leise strich ein weißer schmetterling
doch, ob auch kaum die luft sein flügelschlag bewegte,
sie empfand es und verging.

aus „sommerbild“ von heinrich friedrich hebbel

harmonie
wärme und
geborgenheit

behaglich

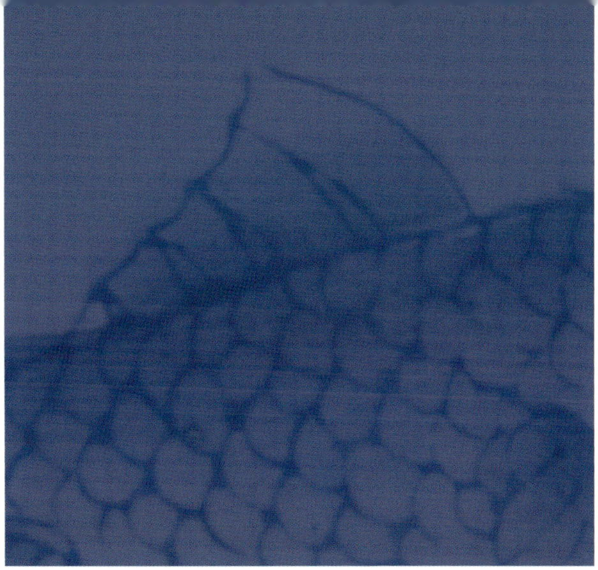

alte zeiten

geschichten

in
friesisch
blau

augen zu und genießen

himmelblau

sonnengelb

schokobraun

blau in seinen unterschiedlichen tönen

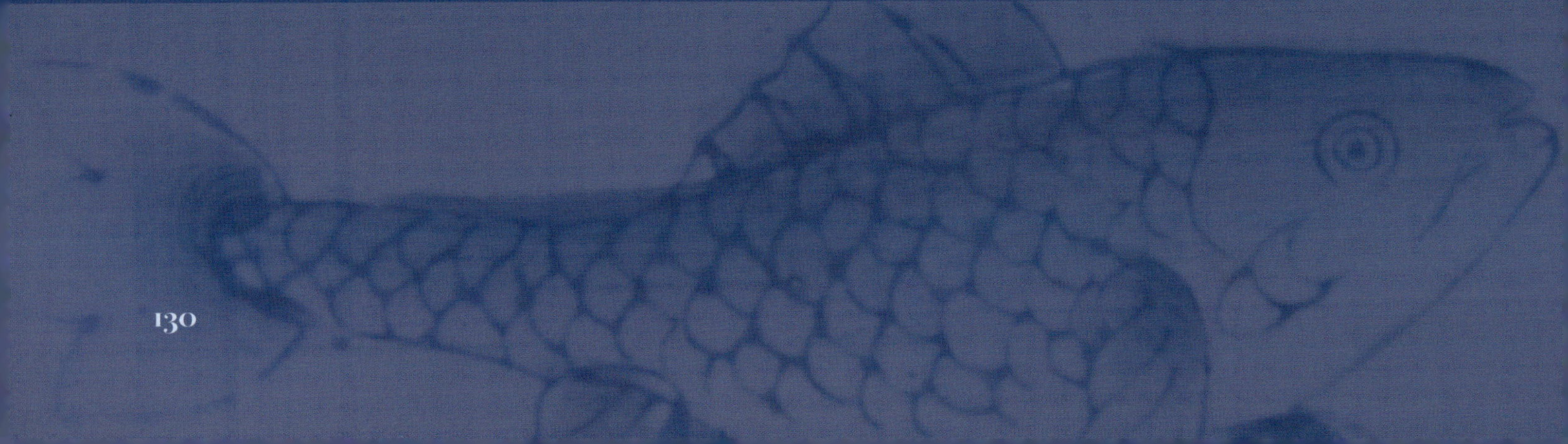

WELCOME

fering hüs

gud maaren, kom iin *

* guten morgen, komm doch rein

inselleben im

fering hüs*

* friesisches haus

wärme

Willkommen

bi üs aran *

* bei uns zu hause

rauelk steed*

* ruhiges plätzchen

naturschutz

gebiet auf amrum

freiräume ...

kleines insel abc

hochdeutsch	plattdeutsch	friesisch
wir reden platt	wi snacken platt	
wir reden friesisch		wi snaake fering
friesisch		fering
mädchen	deern	foomen
junge	jung	dring
hallo	moin	heu
guten morgen	moin	gud maaren
guten abend	goden avend	gud inj
haus	huus	hüs
küche	köök	köögem
wohnzimmer	gode stuv	dömsk
reinkommen	kom rin	iinkem
reden	snacken	snaake
guck mal wieder rein	kiek mol wedder rin	luke ens weler föörbi
vielen dank	besten dank ook	föl toonk

so das war's
tschüss, op weddersehn
auf bald, bi do

doris tönnissen blatter
und monika remus